Gallimard Jeunesse / Giboulées sous la direction de Colline Faure-Poirée

© Éditions Gallimard, 1994
Premier dépôt légal: avril 1994
Dépôt légal: juin 2003
Numéro d'édition: 125375
ISBN : 2-07-058437-2
Loi n°49956 du 16 juillet 1949
sur les publications destinées à la jeunesse
Imprimé en France par *Partenaires-Livres*® (JL)

Belle la Coccinelle

Antoon Krings

GALLIMARD JEUNESSE / GiBOULÉES

Il était une fois, dans un merveilleux jardin, une petite coccinelle qui s'appelait Belle, parce qu'elle était belle comme une fleur, et plus sage qu'une image.

Sa mère, madame la coccinelle, pouvait en être fière : jamais elle ne désobéissait, jamais elle ne mentait. Tous les insectes du jardin disaient lorsqu'elle passait : « Quelle adorable demoiselle ! »

Un jour, Belle se posa par mégarde sur le nez crochu d'une vieille femme tombée du ciel. Ce nez, vous l'avez compris, était celui d'une sorcière qui n'aimait pas, mais alors pas du tout, qu'on vienne le lui chatouiller.

– Je veux que tu deviennes la plus laide des coccinelles, et que ton cœur soit plus noir que les taches que tu portes ! Puis elle secoua sa longue cape, avant de disparaître.

Ainsi le sort s'accomplit.
Belle devint vraiment très vilaine. Son
petit nez poussa de façon disgracieuse,
et ses cheveux étaient si raides qu'aucun
peigne ne pouvait les coiffer.

À la maison, ce qui faisait pleurer sa mère, ce n'est pas tant que Belle enlaidissait, mais c'est surtout qu'elle mentait et lui désobéissait.

– Qu'ai-je fait au bon Dieu pour avoir une telle fille...

– Rien du tout. Bête à bon Dieu j'étais, bête et méchante je suis! répondait la vilaine en sifflotant.

À tous ses amis les insectes du jardin, elle faisait des grimaces, ou leur jouait des mauvais tours. La chenille, excédée, la menaçait :

– Si je t'attrape, je vais te donner une fessée, sale petite peste !

Mais Belle se moquait bien des fessées
et des menaces de ses vieux amis car,
depuis, elle s'en était fait de nouveaux
qu'elle adorait : Dolly, la grosse araignée,
et Tony, le crapaud baveux.

Or, une nuit, une fée apparut.
Elle portait une robe brodée d'étoiles
qui scintillaient à chacun de ses pas.
Sur un tapis de fleurs, elle s'assoupit.
– Regardez! Une fée! Volons-lui sa
baguette magique! dit Tony.
– Oh oui, volons-lui! reprit Dolly.

Aussitôt dit, aussitôt fait. Mais dès qu'ils eurent touché la baguette, Tony se transforma en carotte, et Dolly en lapin qui aimait les carottes.
Quant à notre coccinelle...

La fée lui réserva un autre sort. En
un clin d'œil, elle retrouva la beauté
et la gentillesse que la sorcière lui avait
enlevées.

– Maman! Maman! s'exclama Belle,
je suis redevenue comme avant!

– Ma douce petite fille... pleurait de joie
sa mère.

Ainsi, à partir de ce jour, tous vécurent
en paix dans ce merveilleux jardin.
Et, si une coccinelle se pose sur votre
main, surtout ne la chassez pas.
Faites plutôt un vœu. Je suis sûr
qu'il se réalisera.